AF247349

ÉLOGE HISTORIQUE

D'ANTOINE LUSTERBOURG.

ÉLOGE HISTORIQUE

D'ANTOINE LUSTERBOURG

Docteur en Médecine, ancien Médecin de l'Hôtel-Dieu, Membre du Conseil
de Salubrité, Administrateur de l'Hospice de l'Antiquaille,

Par C. Candy,

Médecin de l'Hôtel-Dieu, Secrétaire-général de la Société nationale
de Médecine de Lyon.

PRONONCÉ EN SÉANCE PUBLIQUE LE 19 JANVIER 1852.

LYON.

IMPRIMERIE TYPOGRAPHIQUE DE J.-B. RODANET,

Rue de l'Archevêché, 3.

1851

1852

ÉLOGE HISTORIQUE

D'ANTOINE LUSTERBOURG.

I.

Deux choses sont également délicates dans les lettres : la critique et l'éloge. Leurs exigences sont différentes, sans être l'antithèse de l'esprit dans lequel ils doivent être traités ; car tous deux réclament la mesure, le goût, la justesse d'appréciation ; tous deux doivent également fuir l'exagération, ne point s'écarter de la vérité.

C'est une exception que ces figures coulées en bronze pour l'histoire et la postérité, noms fatidiques qui dominent un siècle, et, selon la sphère dans laquelle ils ont vécu, frappent plus de crainte que d'admiration ; trop souvent l'éblouissement qui les suit fait oublier le génie seulement utile ; près de leur auréole éclatante on entrevoit à peine un nimbe obscur autour de noms qui n'ont pas de pareilles fascinations, et n'appartinrent qu'à de simples bienfaiteurs de l'humanité, comme ceux de Watt, de Parmentier et de Jenner.

Louer est difficile ; ce thème éveille vite la prévention. Ce qui impressionne fortement les hommes, ébranle leur imagination, les séduit bien mieux que ce qui leur rappelle le devoir. La critique est admise plus volontiers que l'éloge, car l'on est trop porté à voir dans ce dernier un mensonge officiel ou intéressé. Le panégyrique nous semble dérober quelque chose de ce qui nous était dû, ou une leçon indirecte nous rabaissant à nos propres yeux. Hors le mérite incontesté, placé si haut qu'il domine tout, dans la réalisation des faits ordinaires de la vie, la louange n'est acceptée qu'avec certaines réticences, au fond desquelles il y a toujours un peu de révolte jalouse contre une supériorité enviée. C'est un trait de la défaillance de notre nature, de cette plaie secrète de l'âme, si bien approfondie par La Rochefoucault, quand il fait de l'amour-propre un ressort si puissant, que pour le plus grand nombre des hommes, la personnalité intime se trouve froissée de la supériorité d'autrui, ou d'instincts généreux qui condamnent sa propre médiocrité.

Si nous reconnaissons cette faiblesse, gardons-nous toutefois d'un rigorisme exagéré, qui viendrait arrêter sur des lèvres sincères l'expression de sentiments honorables, juste tribut d'hommage payé à ce qui en est digne. Si le cœur a quelques fibres mauvaises, ne les faisons point trop ressortir, lorsque tant d'autres vibrent pour ce qui est grand. L'analyse psychique nous revélerait encore de ces trésors de nobles aspirations, assez riches pour voiler ce que le cœur a d'infime. Ne creusons point pour trouver la petitesse et la laideur, mais bien la force et la beauté. Écartons ce qui viendrait ternir le miroir où se reflète le beau moral. A quoi donc serviraient les modèles, si ce n'était pour les imiter? Que signifierait la vertu, réduite à l'abstraction, si l'on ne devait, au contraire, la montrer vivante et palpable dans le bien et le sacrifice accompli? Le désintéressement, la libéralité, l'abnégation, la grandeur d'âme, l'art, la science, la gloire enfin, ne perdraient-ils pas de leur valeur, si à la face du monde ils ne pouvaient pas être proclamés choses saintes, enviables, seules pouvant sauver la mémoire de l'oubli. Depuis les vies illustres de Plutarque, sait-on combien l'exemple a enfanté de belles actions, l'exemple, la plus persuasive, la meilleure des leçons pour tous les hommes, celle qui laisse le plus de germes féconds, sauvegarde de l'honneur, enseignement de tous les âges, dont l'influence est si grande à tout échelon, pour la part de bien qui se rencontre au fond de chaque biographie, depuis la plus éclatante jusqu'à la plus humble ?

N'y a-t-il pas là de quoi justifier cet usage des académies, de faire l'éloge public de ceux de leurs membres auxquels elles empruntèrent quelque illustration ? Ce langage n'a pas un retentissement bien étendu ; ces quelques fleurs jetées font moins de bruit que la pelletée de terre sur le cercueil ; elles n'ont de parfum que par les sympathies, les souvenirs, la solidarité, l'idée morale qui s'y rattache. Oui, esquisser en quelques pages les traits d'un caractère estimable, les faits saillants d'une vie bien remplie, est chose essentiellement bonne. N'est-ce pas en demander autant au corps entier auquel ce caractère appartint, et, dans les images empruntées à la vie absente, l'évocation d'honorables similitudes pour ceux qui survivent? L'estime, l'émulation, sont trop précieuses pour ne pas donner quelque solennité à une séance où un corps savant obéit aux convenances, à la lettre de ses statuts, au culte pieux de la mort, afin de faire revivre un instant un des siens. Le respect de soi-même est un guide sûr ; il s'honore en honorant un de ses membres décédés, dont les collègues plus jeunes, qui occupent une place par eux laissée vide, acceptent à la fois l'héritage et les traditions.

L'intérêt que je réclame pour le portrait que j'ai à tracer me vaudra, j'espère, quelque indulgence. Il est des physionomies qui s'y prêtent moins que d'autres, parce qu'elles ont vécu dans un monde restreint, que pour elles l'existence a été la pratique constante du devoir, la sérénité d'âme, la paix intérieure du foyer; la simplicité de leurs goûts les a tenues dans la retraite, leur modestie leur a fait craindre le grand jour; leurs jouissances ont été le silence, le recueillement, l'étude; rien d'émouvant, rien de dramatique, ce qui ne s'achète jamais qu'aux dépens du bonheur; la beauté de leur vie est plus dans le motif qui les guide que dans le mouvement et dans l'action; leurs traits ne sont pas fortement accusés, mais ils sont pleins d'harmonie et de douceur. A quelques-uns de ceux-là vous reconnaîtrez Lusterbourg.

Il n'est pas le dernier des confrères que vous ayez perdus, et le nombre en est grand depuis ces dernières années. A ces dates nécrologiques vous inscrivez les noms de Mermet, Cliet, Nichet, Dupasquier, Bottex, les derniers tombés. Duménil, inopinément enlevé, Gauthier, Imbert, viennent clore cette série funèbre.

D'autres voix que la mienne vous ont dit ce que furent plusieurs d'entre eux , voix bonnes à entendre , parce que, venant surtout du cœur, elles exprimaient une douleur sentie ; comme elles, je ne puis revendiquer le privilége d'une amitié vieillie , m'appuyer sur ce titre dont les circonstances me privèrent ; mais au moins puiserai-je dans le sentiment général la volonté d'être le fidèle interprète de vos regrets.

II.

La famille Lusterbourg est originaire des frontières du nord de la France. Bouillon , ancien siége du duché de ce nom , dans les environs de Sedan , fut le lieu de naissance du père ; venu à Lyon en 1770 , il y épousa Mlle Marguerite Henry , et de ce mariage heureux naquit, en 1776 , Antoine Lusterbourg. Simple employé dans l'imprimerie de M. Leroy, une éducation classique l'élevait au-dessus de sa position sociale apparente. Élève de l'université de Louvain , lui-même commença les études de son fils , dirigea ses premiers bégayements dans cette langue latine , fonds trop absolu , trop exclusif peut-être de notre éducation. Il les surveilla pendant tout le temps que ce der-

nier passa chez les oratoriens pour les compléter.
Ce père, que des goûts littéraires venaient délasser
d'un travail monotone, utilisait jusqu'aux moments
de récréation de son fils en faveur de cet idiome ro-
main, sa langue favorite. Les vacances étaient également employées, et le jeune Lusterbourg, favorisé
comme Montaigne, dont l'enfance resta presque étran-
gère à sa langue maternelle, fut de bonne heure fami-
lier avec les prosateurs et les poètes, Cicéron,
Virgile, Horace, Tacite ; il puisait sans effort aux sour-
ces de la belle antiquité, dont il garda constamment
le culte.

Cet emploi du temps, auquel s'ajoutaient des
excursions pédestres consacrées aux éléments d'histoire naturelle aussi bien qu'aux belles-lettres, condui-
sit le jeune Lusterbourg jusqu'au moment où, son éducation achevée, il quittait les oratoriens avec la nécessité
de prendre un état. N'ayant aucun penchant décidé, ce
choix devait naturellement venir du père, jugeant mieux
de ses facultés et de son avenir. Ce choix fut judicieux,
on le destina à la médecine. MM. Bellay et Parat, ses
premiers maîtres, professaient alors à l'hospice de la
Charité des cours d'anatomie, de pathologie externe
et de physiologie. Dès 1792 il reçut une commission
d'élève chirurgien près de l'armée des Alpes, fut atta-

ché en cette qualité au service de l'hôpital militaire établi dans le claustral des Chazeaux. Survint le siége de notre ville, où la population lyonnaise, sans calculer les moyens de défense, les chances terribles de la défaite, improvisée mûre pour la mort des batailles, sut égaler en valeur les armées qui défendaient nos frontières. Pendant cette lutte triste, mais héroïque, Lusterbourg, âgé seulement de 17 ans, fit le service d'une ambulance dans un faubourg. La même année il se présenta au concours de l'Hôtel-Dieu pour disputer une place de chirurgien interne, et fut admis.

Marc Antoine Petit, le médecin dont le souvenir est encore si vivant dans notre génération oublieuse, y exerçait alors les fonctions de chirurgien en chef : inaugurant par ses talents l'utile établissement des concours. Dire ce que sous un pareil maître furent le zèle et les progrès du jeune Lusterbourg se conçoit aisément, quand il avait pour le guider le vif amour de l'humanité, le désir de payer la tendresse, la sollicitude paternelles. Petit, plus que personne, était fait pour inspirer l'amour de la science, lui dont le caractère sensible, sympathique, savait la dépouiller d'austérité, la rendre attrayante à des élèves auxquels il s'attachait comme à des fils. Ses leçons, aimables par la forme dont il savait les revêtir, allaient à leur jeune intelligence en passant par le cœur. Pour eux son imagination vive savait colorer d'un poétique reflet ces détails techniques d'anatomie, de chirurgie, si arides, si froids, qui n'éveillent d'abord que les idées de la douleur et de la mort; c'était à les combattre l'une et l'autre que s'attachait sa parole persuasive, s'efforçant d'écarter ce que notre art a de repoussant ou de sévère pour n'en montrer que les triomphes et le but bienfaisant.

Une doctrine ainsi présentée devait jeter des semences profondes; Lusterbourg en recueillait les fruits, d'autant plus qu'y mêlant un peu peu de pratique, la bienveillance du chirurgien en chef faisait exécuter sous ses yeux quelques opérations aux internes les plus anciens. Lors de la fin de son service, n'ayant pas encore 21 ans, âge qui l'appelait à l'armée, son application soutenue lui valut la faveur toute spéciale de l'administration, de le prolonger de trois autres années.

Il les acheva sous les majorats successifs de Messieurs Petit et Cartier, puis se rendit à Montpellier, où la fréquentation assidue des cours de la faculté et des cliniques acheva ses études médicales. Il y fut reçu docteur en 1802, et choisit pour sujet de thèse inaugurale une méthode nouvelle d'ouvrir les abcès par congestion , au moyen de ponctions successives et de ventouses pour vuider le foyer. Cette méthode due à son illustre maître, il lui dédiait son travail, payant autant qu'il était en lui la dette de la reconnaissance.

S'il est un point qui partage notre vie, c'est bien celui où le médecin, investi d'un titre qu'il a ambitionné, le possède enfin, après une longue attente et de patients labeurs. Rien n'est fait encore , tout reste à conquérir; la confiance de la jeunesse nous abandonne ; nous sentons moins cette audace qui nous rendait si forts; nous voyons s'évanouir comme un mirage ces riches horizons où nous saisissions l'avenir; cette verve s'abat, le monde s'offre sous un autre aspect , on se heurte à la réalité décevante pour ce qu'on a rêvé. Heureux celui qui n'y trouve pas le découragement : qui sait d'avance que le travail , la persévérance, le temps sont les éléments nécessaires d'un succès ; plus heureux celui qui trouve dès l'abord un appui non payé de son indépendance. C'est ce qui arriva à Lusterbourg, une fois de retour à Lyon pour s'y fixer. Le passé le rapprochait naturellement de M. Petit dont il devint le secrétaire et qui encouragea ses débuts. Ce n'était point ici le hasard, il fallait être jugé digne, et le choix honore autant le protecteur que le protégé. Ces rapports intimes ne pouvaient s'établir qu'entre

des âmes faites pour s'apprécier et se comprendre.
L'amitié, le dévouement s'échangeaient; la gratitude
seule restait entière à Lusterbourg, si douce à porter
qu'elle fut toujours pour lui un culte, jusqu'à la mort
de M. Petit, survenue en 1811. Lui qui l'avait si bien
connu, plus que personne il devait regretter l'auteur
de la *Médecine du cœur*, code des médecins qui sa-
vent consoler, fortifier l'âme en guérissant le corps,
et ont des baumes pour toutes les blessures; œuvre
littéraire et de sensibilité, écrite aussi pour les gens du
du monde, où l'on retrouve quelque chose de cette dé-
licatesse exquise de Fénelon et de Racine. L'exem-
plaire qui lui était adressé était accompagné de cette
lettre que je suis heureux de reproduire, et qui en
est le plus beau frontispice.

« Veuillez m'obliger en acceptant ce faible témoi-
« gnage d'une reconnaissance bien due à l'amitié que
« vous m'avez témoignée et au zèle constant avec le-
« quel vous avez partagé mes travaux; le souvenir de
« l'une et de l'autre sera toujours dans mon cœur, et
« j'aimerai toutes les occasions de vous en donner des
« preuves. Conservez-moi une affection à laquelle
« j'attache beaucoup de prix. Il est si douloureux de
« perdre des amis sur lesquels on a cru pouvoir comp-
« ter, que je puis vous assurer que rien ne pourra

« vous ôter jamais celui qui se dit, avec toute la pléni-
« tude de ce sentiment, votre ami et votre plus dé-
« voué collègue. »

Les travaux personnels de Petit, ses observations de
chirurgie avaient, en effet, été recueillis en grande
partie par son secrétaire. Avec la collaboration de
M. Jobert, ensemble, et à titre d'héritiers des manu-
scrits de l'auteur, il les édita et les publia sous le nom
de *Collection d'observations cliniques* (Lyon, Leroy,
1815). Cet ouvrage se compose de cinq parties dis-
tinctes, savoir : maladies des yeux, plaies de tête, trai-
tement des abcès froids, incertitude de la pulsation
comme signe caractéristique de l'anévrisme. La der-
nière, toute médicale, appelle l'attention de l'homme
de l'art sur un symptôme précurseur et à peine observé
des morts imprévues, tel que douleurs des extrémités,
crampes, qui précèdent de 24 ou 36 heures l'hémor-
rhagie cérébrale.

En 1809, Lusterbourg fut reçu médecin suppléant
de l'Hôtel-Dieu, en même temps que M. Montain aîné.
Le concours public n'était point encore adopté pour la
nomination des médecins, qui se faisait au scrutin se-
cret. Fixer l'attention sans l'aide de coteries et par son
mérite personnel était une distinction flatteuse pour

celui qu'honorait ainsi de sa confiance le conseil d'administration. Le service des salles militaires lui fut donné temporairement en remplacement du titulaire. De 1813 à 1814 il fit le service de l'hôpital militaire de Perrache, surcursale de l'Hôtel-Dieu, spécialement destiné aux soldats des armées alliées. Le typhus y régnait, il y sévissait cruellement, fièvre contagieuse dont le germe se puise dans le foyer d'infection qui s'établit à distance autour des malades , dans les miasmes qui s'échappent de leurs corps, susceptibles d'adhérer aux objets à leur usage et de le transporter au loin. Il y fut vivement frappé d'un fait qui se passa sous ses yeux, éclairant la doctrine de la contagion. Une marchande de fruits stationnait habituellement dans le vestibule de l'hôpital ; placée ainsi au foyer d'infection, elle ne contracta pas la maladie elle-même, par défaut de réceptivité sans doute, mais ses vêtements, abondamment imprégnés de miasmes typhiques purent la porter au dehors et la communiquer à son mari, qui n'était point venu dans l'hôpital, où cette terrible affection était concentrée. C'est ainsi que le dernier typhus observé dans le département de l'Ain, à Anglefort, y fut également apporté par une famille qui avait acheté des vêtements étrangers.

C'est dans l'exercice de son art, en prodiguant ses

soins aux soldats de l'armée d'invasion , au milieu des
dangers de chaque jour que lui faisait courir la contagion , que Lusterbourg put déployer une des plus
précieuses qualités de notre ministère, le courage civil,
plus rare que celui du soldat , parce qu'il n'a pas
pour lui l'enthousiasme de la gloire , l'émotion fié-
vreuse du combat, le son du buccin qui fait trépigner
le cheval de Job ; il voit la mort en face, pâle et froide,
pallida mors d'Horace, non pas avec calme ni toujours
avec résignation , mais il dompte la nature et s'im--
mole pour l'humanité. La médecine, elle aussi, a donc
ses martyrs. Je n'insisterai pas trop ici sur la conduite de Lusterbourg dans des circonstances qui
lui valurent les témoignages de la satisfaction du gou-
vernement autrichien , lorsque récemment, devant le
fléau qui de l'Inde est venu s'abattre sur l'Europe, faisant fléchir les plus mâles courages , tant d'entre vous ,
Messieurs, sont allés au-devant de lui pour lui dérober
des victimes , et de leur abnégation ont su faire un
dévouement vulgaire dont s'honore le corps médical.

Lusterbourg commença en 1816 ses fonctions de
médecin titulaire de l'Hôtel-Dieu, qu'il continua sans
interruption jusqu'en 1822, époque à laquelle sa santé
commençant à s'altérer, il les résigna volontairement.
La lettre par laquelle le conseil lui accusait réception

de sa démission lui en exprimait tous ses regrets ,
en les accompagnant de termes flatteurs pour son zèle,
sa capacité, sa douceur auprès des pauvres.

En 1820, il avait épousé Mlle Virginie Gontard. Il
eut deux grands bonheurs dans sa vie : à son aurore,
le meilleur des maîtres; pour sa maturité et sa vieillesse, l'épouse la plus tendre, l'amie la plus dévouée.
Devenu aveugle, le ciel lui devait cette consolation de
voir par les yeux de celle qu'il aimait.

Membre de la société de médecine dès 1807, il y rem-
plit les fonctions de secrétaire général , et publia un
compte-rendu de ses travaux ; faisant partie du bureau
comme trésorier, il en fut, jusqu'à ses dernières années, un des membres les plus laborieux, comme le
plus assidu.

Il fut successivement membre du conseil de salubrité, ce qui lui donna l'occasion de faire plusieurs rapports sur des questions d'hygiène; membre du comité de
surveillance pour l'instruction primaire ; un des fon-
dateurs de la caisse d'épargne, dont il prévoyait l'action
moralisatrice par le pécule et la prévoyance. Plus tard,
nommé administrateur de l'Antiquaille, il y eut l'heu-
reuse initiative de consultations avec distribution de

remèdes gratuits, pour des maladies qui aggravent la position précaire de l'ouvrier, entachent la famille, et par suite impriment à l'innocence les stigmates du vice. Il eût voulu s'occuper au-delà du terme ordinaire de tout ce qui avait rapport au service de cet hospice, et concourir au bien-être des malheureux admis dans cet asile; mais sa santé, toujours déclinant, ne lui permit pas de se livrer aussi longtemps qu'il l'eût désiré à de pareilles fonctions; dès lors il se résigna à n'appliquer son expérience qu'au soulagement des pauvres, à répondre à la confiance de clients, de malades, tous devenus et restés ses amis.

III.

Telle fut la vie publique d'Antoine Lusterbourg; mais à côté de celle-là il en est une autre. Le médecin qui n'a point écrit, dont la pensée large et féconde n'a rien déposé dans un livre, dont les connaissances, toutes étendues qu'elles aient pu être, se sont cependant renfermées dans le cercle d'un diagnostic sûr, d'une pratique habile, lesquelles ne peuvent se transmettre, parce que, si la science s'apprend, l'inspiration est personnelle, celui-là semble en apparence prêter peu au-delà de ces dates biographiques qui ne diffèrent guères pour les hommes d'une même profession, et n'inspirent qu'un intérêt languissant. Les anciens résumaient cette pensée d'une vie utile et remplie, lorsque de la femme reléguée au fond du gynécée, ils disaient : *Domum mansit, lanam fecit.*

Mais l'étude psychique de tout caractère a son côté utile. Le beau n'est pas seulement dans la forme, le mouvement; il est encore dans la vertu et le devoir. Les parfums les plus pénétrants ne sont pas les plus précieux; la suavité est leur mesure, comme la douceur de la vie dans une existence modeste. Il ne faut point juger l'homme seulement par les circonstances exceptionnelles qui servent à le faire valoir. On est élevé par l'intelligence, grand et bon par le cœur, puissant par la volonté. Comprendre, sentir, vouloir, c'est la vie morale tout entière. A chacune de ces faces diverses répond toujours un côté de notre être, qui se reflète dans les habitudes et la conduite.

C'est en pénétrant ainsi plus avant dans la vie intime de Lusterbourg que nous retrouvons ces qualités qui le faisaient si vite apprécier. Essentiellement bon, son ministère le plaçait naturellement dans un milieu en harmonie avec sa tendance au bien. Il s'y sentait plus à l'aise pour trouver l'aliment à ses facultés aimantes et expansives. Ce bien, il le faisait d'une manière douce et prévenante. J'ai vainement cherché quelque anecdote qui pût mettre mieux en relief la manière dont il l'accomplissait; comme pour lui c'était chose simple, naturelle, tout restait dans l'ombre et le mystère. Un flot tranquille coule silencieux sans agiter le sable doré de son lit. Privé du bonheur d'être père, il reporta sa tendresse sur tous les siens et fut la providence de sa famille; il plaçait des espérances d'avenir sur un de ses neveux dont il se plaisait à suivre les pas, jouissant de ses progrès. Sa libéralité s'exerçait avec les malheureux, qu'il ne se contentait pas d'assister de conseils; le pauvre était toujours accueilli sans être blessé, car il comprenait que la misère peut aigrir, que le malheur a besoin d'égards pour accepter le bienfait sans humiliation. Médecin instruit autant que sensible, après les occupations de son état, ses loisirs étaient donnés à l'étude; ses délassements consistaient dans la lecture, la retraite de son cabinet. Elève de cette école de Montpellier qui a gardé la doctrine vitaliste, il n'était point exclusif, et, sans être infidèle à l'hippocratisme, il savait, en suivant la marche de son siècle, faire la part des idées organo-dynamiques. Seulement, pour lui, la maladie était plus qu'une altération de tissus, et, dans les grandes perturbations des lois normales de la vie , la lésion fonctionnelle primait la lésion anatomique.

Ayant le coup d'œil rapide du praticien exercé , qui saisit par intuition l'indication et le remède , sa clientèle ne fut peut-être pas en rapport avec une réputation justement acquise. La cause en était sans doute une droiture appuyée sur cette maxime : « Fais ce que tu dois, advienne que pourra. » Sincère, peu répandu dans le monde, il n'était le courtisan de personne , disait la vérité sans croire que par intérêt il fallût, sinon la voiler, du moins parfois l'adoucir; cette franchise n'ôtait rien à sa déférence pour les autres , en lui conservant son indépendance personnelle ; indulgent pour eux, il n'était sévère qu'à lui-même. De sa filiation du Nord il apportait dans ses habitudes cette simplicité bienveillante qui a quelque chose de patriarcal ; empressé à rendre service , il en saisissait l'occasion toutes les fois qu'elle se présentait. C'était une de ses jouissances d'appuyer quelques jeunes confrères, d'écarter pour eux ces épines qui se dressent au début. Dans le sentiment profond qu'il conservait pour la mémoire de Marc-Antoine Petit, il se souvenait de ce que lui avait servi un patronage qui , à lui seul , était la plus haute recommandation , et croyait payer une dette en les aidant à son tour de son influence plus que de ses conseils.

Il avait une constitution vigoureuse; elle se lisait dans une taille courte, dans une poitrine forte où le cœur battait à l'aise. Si l'âme humaine n'est point écrite sur la face, l'examen des formes extérieures n'est plus qu'une étude d'anatomie pittoresque ou de plastique; la physionomie devient un masque, impuissant à montrer la passion ou le désir; l'œil est inerte, lui qui, selon Buffon, reçoit, réfléchit en même temps la lumière de la pensée, la chaleur du sentiment, plonge tour à tour dans l'obscurité de l'avenir, ou se voile pour illuminer les profondeurs de la reflexion. Les traits de Lusterbourg, fortement accentués, ont été heureusement conservés dans un plâtre ressemblant. Sa figure gardait quelque chose du cachet germanique, s'épanouissait avec la parole; tout y révélait la tranquille et complète possession de soi-même. Le regard, au lieu de feu pénétrant, montrait un calme placide et la sérénité; il exprimait non la vie qui rayonne, mais celle de l'intérieur, méditative, recueillie; les pommettes saillantes, la bouche forte, dérobaient au front un peu de son expression d'intelligence, mais cette légère tendance sensuelle se perdait dans l'harmonieux ensemble d'une tête de penseur.

Une bibliothèque riche , choisie selon ses prédilec-
tions, lui avait fait passer bien des heures heureuses.
A mesure que sa santé déclinait, il y puisait des con-
solations pour l'âme qui s'affaissait avec le corps.
Mais quelle fut sa douleur, et que le ciel lui fit payer
cher ses années d'activité, quand il perdit la vue , et
que ses livres chéris restèrent à jamais fermés pour
lui! Il n'est guères de chagrin plus poignant qu'un
pareil malheur , quand il atteint l'homme pour qui
l'exercice de l'intelligence est un besoin impérieux ;
les yeux, ces portes de l'âme , qui fermées vous déro-
bent le monde extérieur , ne vous y rattachent plus
que par la voix d'une personne aimée , dévouement
renouvellé pour l'aveugle de celui de l'ancienne Anti-
gone ; refoulé dans la vie intuitive , chez lui tout est
contraste douloureux , entre la lumière qui dorait ses
jours, la nature radieuse et perdue, les douces images
du passé et l'amertume du présent. Pour supporter
cette épreuve, lui faire passer des jours si longs quand
ils sont sans emploi pour un esprit cultivé , Lusterbourg du moins eut près de lui un ange , dont tour à
tour le bras pouvait le guider , les lèvres lire à ses cô-
tés, et dont son affliction aurait servi, s'il eût été pos-
sible, à redoubler une tendresse qui ne faisait que se
multiplier par des témoignages de tous les instants.
Un attachement si vrai, un dévouement si sympathi-

que, tenait autant de la mère que de l'épouse ; ils adoucirent les souffrances de sa vieillesse, et c'est bercé par ces mains délicates, soutenu par ces soins compatissants, qu'il s'approcha de son dernier jour.

Des douleurs aiguës le précédèrent ; une névralgie violente, continue, fixée sur les organes excréteurs, se porta sur les ganglions viscéraux et envahit l'estomac, dont les fonctions s'arrêtèrent.

MM. Viricel, Gubian, Pointe lui prodiguèrent les soins de l'art et de l'amitié ; que pouvaient-ils pour ranimer à son centre l'action nerveuse suspendue ? Il supporta ces douleurs avec courage, sinon avec ce stoïcisme qui n'est qu'une révolte de l'orgueil. Si la souffrance est une épreuve, la philosophie peut la subir, quand la résignation du chrétien seule sait l'accepter. Toutes deux le soutinrent dans son dernier adieu à la terre ; il la quittait avec la foi de ses pères, la soumission naïve au dogme, une conscience pure, l'héritage du bien qu'il avait fait ; c'était assez pour d'immortelles espérances, et ses yeux allaient s'ouvrir à d'autres clartés.

Il mourut dans une propriété où il s'était abrité à Francheville, près Lyon, le 22 juillet 1851. Mais le

modeste cimetière de ce village ne reçut point sa dé-
pouille mortelle ; sa veuve désirait qu'il fût inhumé
là surtout où reposait déjà celui vers qui s'étaient si
souvent portés ses affections , ses frais souvenirs de
jeunesse, à quelques pas du tombeau de Marc-Antoine
Petit. Mais, dans l'impossibilité de réaliser autrement
ce vœu, la famille de son ancien maître alla au-devant , en donnant l'asile funéraire au reconnaissant
élève. Elle ouvrit pour lui son propre caveau. Tou-
chant symbole du passé , tous deux unis dans la mort
comme ils l'avaient été pendant la vie, quelque temps
dans l'espace, pour toujours dans l'éternité. Qu'im-
porte l'épitaphe? Il y a tant de gravité dans la mort
elle-même, que le silence qui se fait autour d'elle est
à lui seul de l'éloquence.

IV.

Sa vie a été remplie d'œuvres et presque de jours.
Il ne succombait point dans la force de l'âge. Quels
que soient les regrets qu'on laisse après soi sur la
terre, ils sont adoucis par la soumission aux exigean-
ces de la nature. Libérale pour les uns , elle est avare
pour d'autres ; sa mesure est inégale. Rapprochement

qui me frappe : un jour, dans une réunion pareille, je fis devant vous l'éloge de Nepple, quand le matin vous aviez avec moi suivi le cortége funèbre du docteur Mermet; aujourd'hui j'écrivais ces lignes au moment où Imbert vous appelait à des obsèques nouvelles. De tous ces nombreux confrères dont j'ai déjà rappelé les noms, dont la perte réitérée a jeté le deuil parmi vous, que vous dire qui ne soit l'image de la fragilité de toutes les choses d'ici-bas? Le plus grand nombre a été enlevé jeune encore au milieu de la carrière, comme le moissonneur dans la campagne de Rome, saisi par la fièvre au midi du jour, tombe épuisé sur les gerbes.

Des exemples laissés par eux et par Lusterbourg nous pouvons former un faisceau qui relie ce que chacun d'eux eut de qualités personnelles. Ce nous sera la preuve que le cercle borné où s'agite l'homme peut encore s'agrandir par la manière dont il est parcouru ; que dans une profession libérale comme la nôtre, on peut rencontrer l'élévation de l'esprit, la conduite active, régulière, persévérante. Charité, talent, action, trilogie réalisée vivante, à des degrés différents, par ces noms de collègues qui vous furent chers, dont vous avez les traces à suivre, les actes à imiter.